Impressum
Verlag: BABADADA GmbH, Nedderfeld 112 , 22529 Hamburg
Geschäftsführer / Verlagsleitung: Harald Hof
Druck: Books on Demand GmbH, In de Tarpen 42, 22848 Norderstedt

Imprint
Publisher: BABADADA GmbH, Nedderfeld 112 , 22529 Hamburg, Germany
Managing Director / Publishing direction: Harald Hof
Print: Books on Demand GmbH, In de Tarpen 42, 22848 Norderstedt

makaranta

école

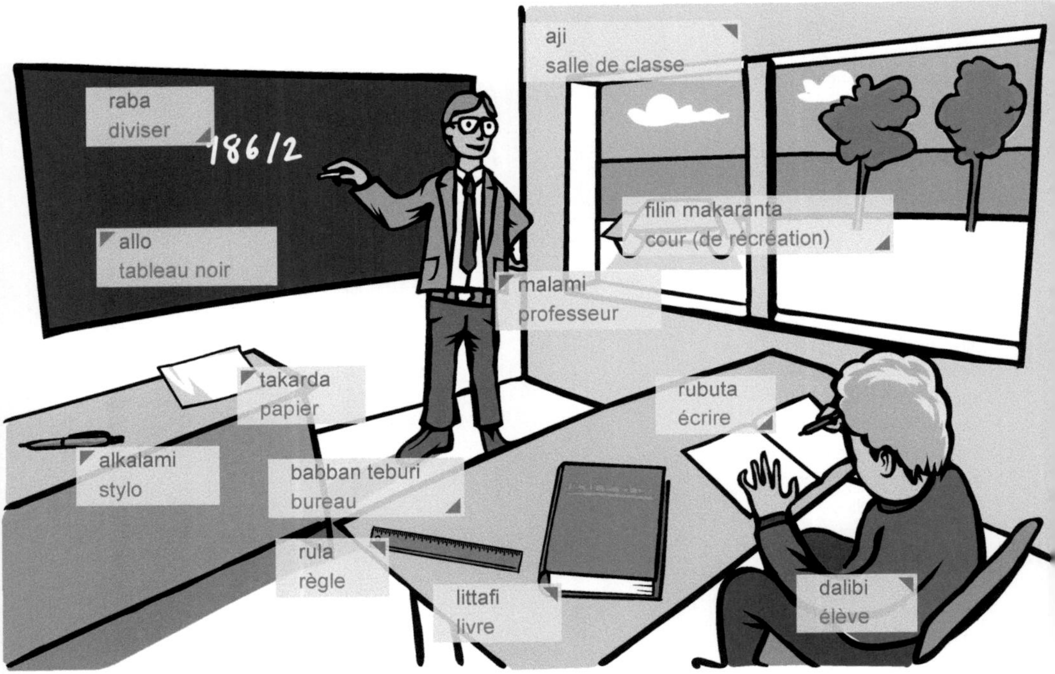

aji
salle de classe
raba
diviser
186/2
filin makaranta
cour (de récréation)
allo
tableau noir
malami
professeur
takarda
papier
rubuta
écrire
alkalami
stylo
babban teburi
bureau
rula
règle
littafi
livre
dalibi
élève

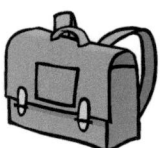

jakar makaranta

cartable

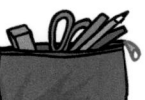

gidan fensir

trousse

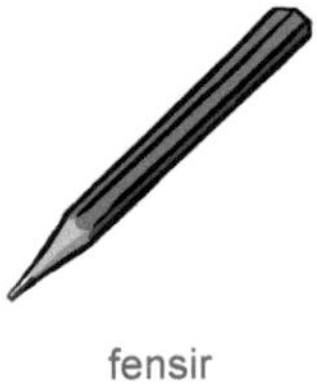

fensir

crayon

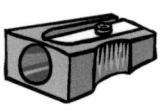

abin fike fensir

taille-crayon

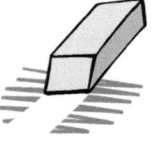

kilina

gomme

kwalin zane

carnet à dessin

zane

dessin

burushin fenti

pinceau

gwangwanin fenti

boîte de peinture

almakashi

ciseaux

gam

colle

littafi aiki

cahier d'exercices

aikin gida

devoirs

lamba

chiffre

kara

additionner

debe

soustraire

yi sau

multiplier

kwakuleta

calculer

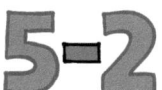

wasika

lettre

harafi

alphabet

kalma

mot

rubutu

texte

karanta

lire

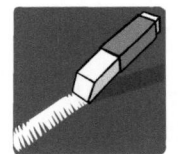

alli

craie

darasi

leçon

rijista

livre de classe

jarabawa

examen

satifiket

certificat

kayan makaranta

uniforme scolaire

ilimi

formation

kundin ilimi

lexique

jami'a

université

madubin kimiyya

microscope

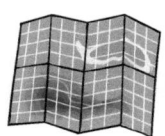

taswira

carte

kwandon shara

corbeille à papier

bulaguro
voyage

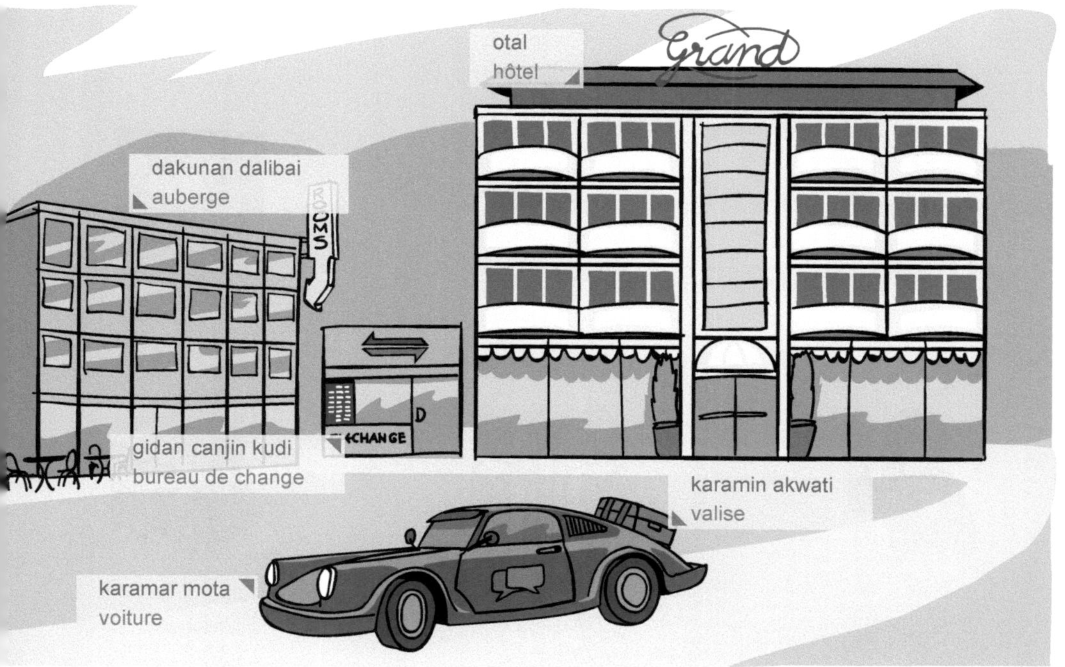

otal
hôtel
Grand
dakunan dalibai
auberge
ROOMS
gidan canjin kudi
bureau de change
€CHANGE
karamin akwati
valise
karamar mota
voiture

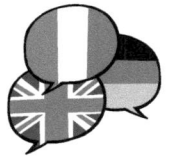

yare

langue

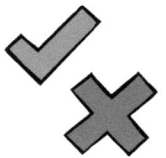

e/a'a

oui / non

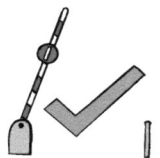

Ya yi

d'accord

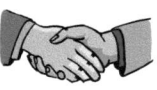

barka dai

Salut

mai fassara

interprète

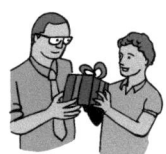

Na gode

merci

nawa ne...?

Combien coûte...?

ban gane ba

Je ne comprends pas

matsala

problème

Barka da yamma!

Bonsoir !

Ina kwana!

Bonjour !

barka da dare!

Bonne nuit !

sai an jima

Au revoir

alkibla

direction

kaya

bagages

jaka

sac

jakar goyawa

sac-à-dos

bako

hôte

daki

pièce

jakar barci

sac de couchage

tanti

tente

bayanin dan yawon bude-ido

office de tourisme

bakin ruwa

plage

katin banki

carte de crédit

karin kumallo

petit-déjeuner

abincin rana

déjeuner

abincin dare

dîner

tikiti

billet

daga

ascenseur

hatimi

timbre

iyaka

frontière

kudin fiton kaya

douane

ofishin jakadanci

ambassade

biza

visa

fasfo

passeport

abin hawa
transport

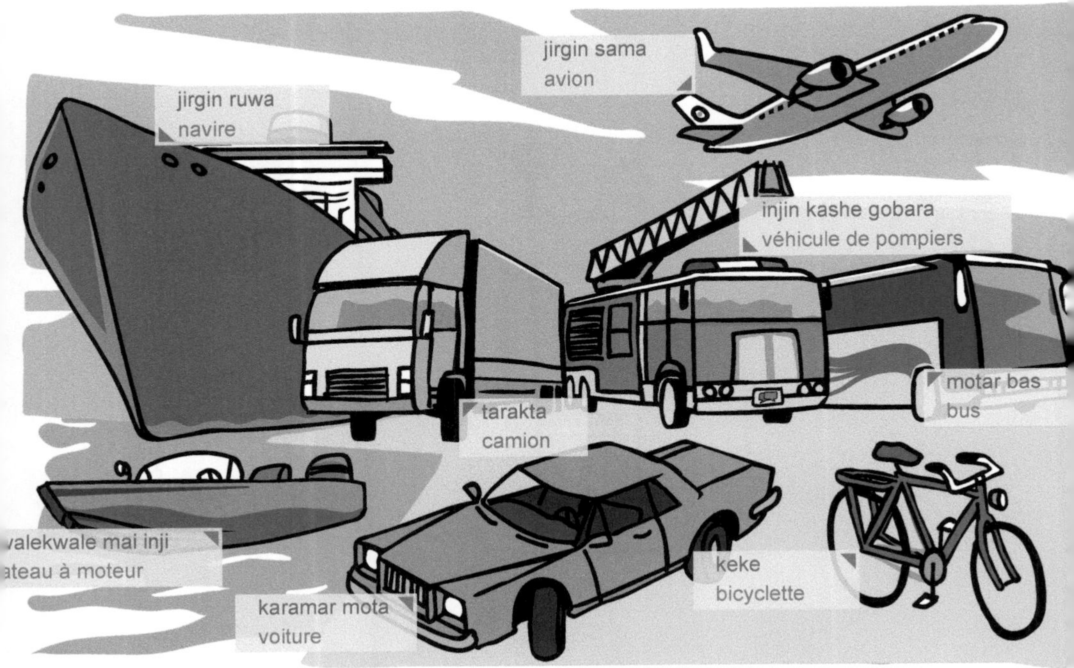

jirgin sama
avion
jirgin ruwa
navire
injin kashe gobara
véhicule de pompiers
motar bas
bus
tarakta
camion
alekwale mai inji
ateau à moteur
keke
bicyclette
karamar mota
voiture

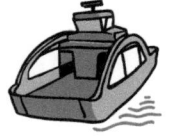

karamin jirgin ruwa

ferry

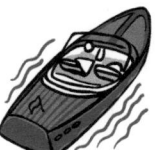

kwalekwale

barque

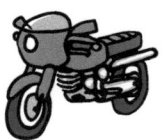

babur

moto

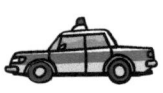

motar 'yansanda

voiture de police

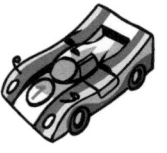

motar tsere

voiture de course

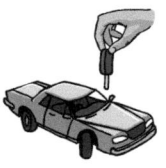

motar haya

voiture de location

tarayyar karamar mota

auto-partage

babbar mota da ta lalace

voiture de remorquage

motar shara

benne à ordures

mota

moteur

mai

essence

gidan mai

station d'essence

alamar titi

panneau indicateur

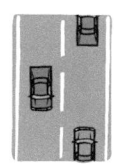

zirga-zirga

trafic

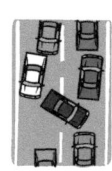

cunkoson ababen hawa

embouteillage

wurin ajiye mota

parking

tashar jirgin kasa

gare

filin tsere

rails

jirgin kasa

train

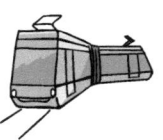

jirgin kasa mai kyabil

tramway

keken doki

wagon

abin hawa - transport

9

helikwafta

hélicoptère

filin jirgin sama

aéroport

hasumiya

tour

fasinja

passager

mazubi

conteneur

kwali

carton

amalanke

chariot

kwando

corbeille

tashi / sauka

décoller / atterrir

birni

ville

kauye

village

tsakiyar birni

centre-ville

gida

maison

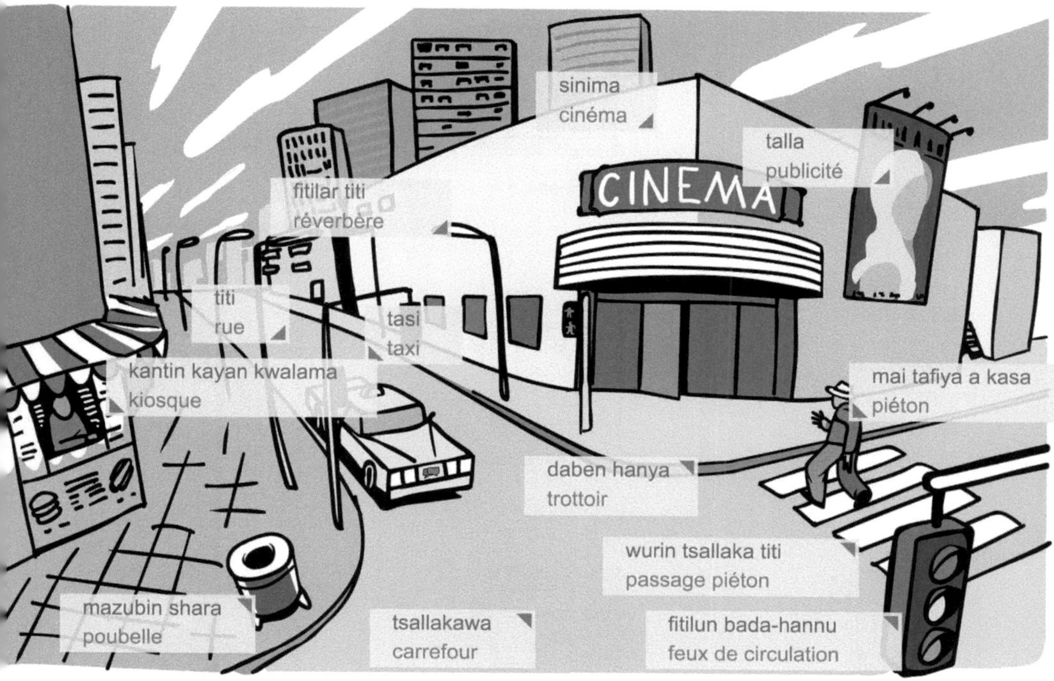

sinima
cinéma
talla
publicité
CINEMA
fitilar titi
réverbère
titi
rue
tasi
taxi
kantin kayan kwalama
kiosque
mai tafiya a kasa
piéton
daben hanya
trottoir
wurin tsallaka titi
passage piéton
mazubin shara
poubelle
tsallakawa
carrefour
fitilun bada-hannu
feux de circulation

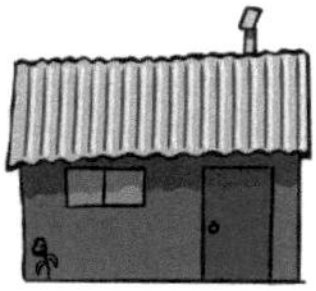

bukka

cabane

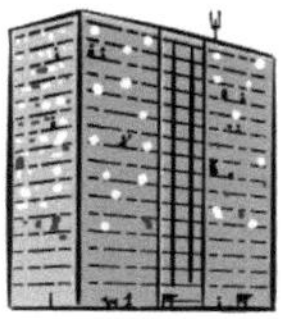

shafaffe

appartement

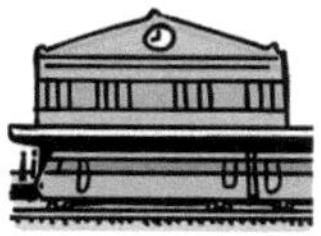

tashar jirgin kasa

gare

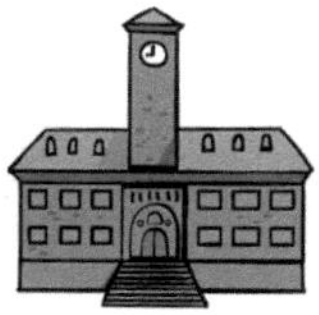

dakin taro

mairie

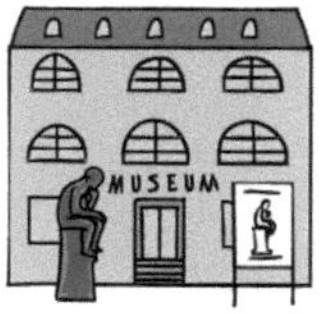

MUSEUM

gidan kayan tarihi

musée

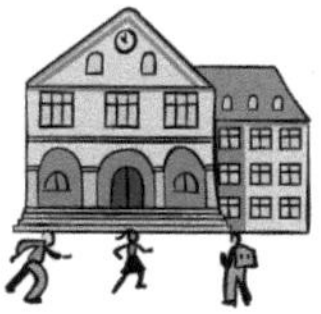

makaranta

école

jami'a

université

banki

banque

asibiti

hôpital

otal

hôtel

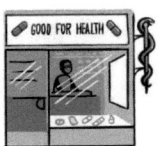

kantin magani

pharmacie

ofis

bureau

kantin littattafai

librairie

kanti

magasin

mai sayar da furanni

fleuriste

babban kanti

supermarché

kasuwa

marché

kanti mai sassa

grand magasin

shagon sayar da kifi

poissonnerie

wurin sayayya

centre commercial

matsayar jiragen ruwa

port

ma'ajiyar motoci

parc

benci

banque

gada

pont

kafar bene

escaliers

karkashin kasa

métro

ramin karkashin kasa

tunnel

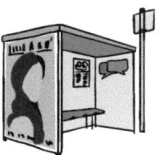

matsayar bas

arrêt de bus

mashaya

bar

gidan abinci

restaurant

akwatin sakonni

boîte à lettres

alamar titi

panneau indicateur

mitar ajiye motoci

parcmètre

gidan namun daji

zoo

kwamin iyo

piscine

masallaci

mosquée

gona

ferme

gurbata

pollution

makabarta

cimetière

coci

église

filin wasanni

aire de jeux

dakin bauta

temple

fadin kasa

paysage

ganye
feuille

turken alama
panneau indicateur

hanya
chemin

makiyaya
pré

dutse
pierre

mai tattaki
randonneur

bishiya
arbre

korama
rivière

ciyawa
herbe

fure
fleur

kwazazzabo
vallée

tudu
montagne

tafki
lac

daji
forêt

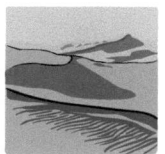

hamada
désert

amon dutse
volcan

fada
château

bakan-gizo
arc-en-ciel

malafar jaki
champignon

bishiyar kwakwar manja
palmier

sauro
moustique

kuda
mouche

tururuwa
fourmis

zuma
abeille

gizo
araignée

burgunguma

coléoptère

kwado

grenouille

kurege

écureuil

bushiya

hérisson

zomo

lièvre

mujiya

chouette

tsuntsu

oiseau

agwagwar ruwa

cygne

aladen daji

sanglier

namijin barewa

cerf

kanki

élan

dam

barrage

lantarki mai iska

éolienne

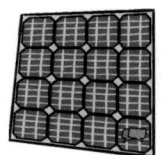

farantin hasken rana

panneau solaire

yanayi

climat

gidan abinci
restaurant

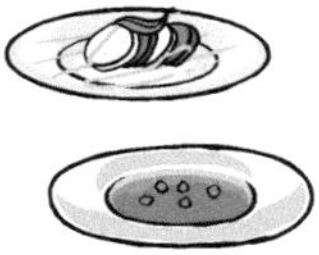

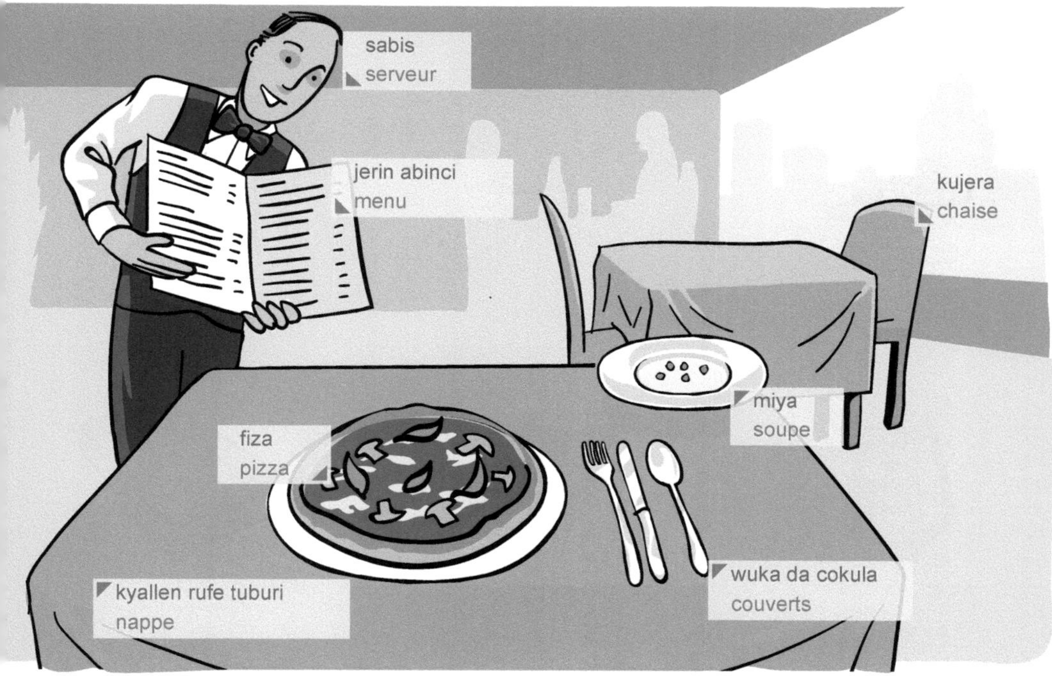
sabis
serveur
jerin abinci
menu
kujera
chaise
miya
soupe
fiza
pizza
wuka da cokula
couverts
kyallen rufe tuburi
nappe

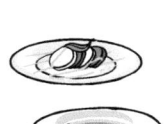

makunni
hors d'œuvre

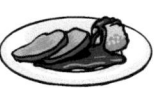

babban abinci
plat principal

kayan zaki
dessert

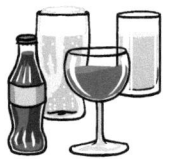

kayan sha
boissons

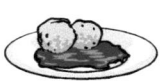

abinci
alimentation

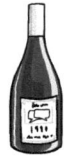

kwalba
bouteille

abincin tafi-da-gidanka

fast-food

abincin titi

plats à emporter

tukunyar shayi

théière

kwanon sikari

sucrier

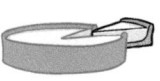

gutsire

portion

injin hada kofi

machine à expresso

kujera mai tudu

chaise haute

doka

facture

tire

plateau

wuka

couteau

cokali mai yatsu

fourchette

cokali

cuillère

cokalin shayi

cuillère à thé

kyallen cin abinci

serviette

gilashi

verre

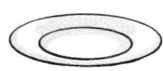

faranti
....
assiette

farantin miya
....
assiette à soupe

farantin kofi
....
soucoupe

hadin dandano
....
sauce

mazubin gishiri
....
salière

abin nikan yaji
....
moulin à poivre

lamurje
....
vinaigre

mai
....
huile

kayan dandano
....
épices

miyar tumatir
....
ketchup

mustad
....
moutarde

mayonnaise
....
mayonnaise

babban kanti
supermarché

tayin musamman
offre promotionnelle
FOR
abokin ciniki
client
matatsar nono
produits laitiers
kayan marmari
fruits
abin daukar kaya
chariot

BUTCHERS

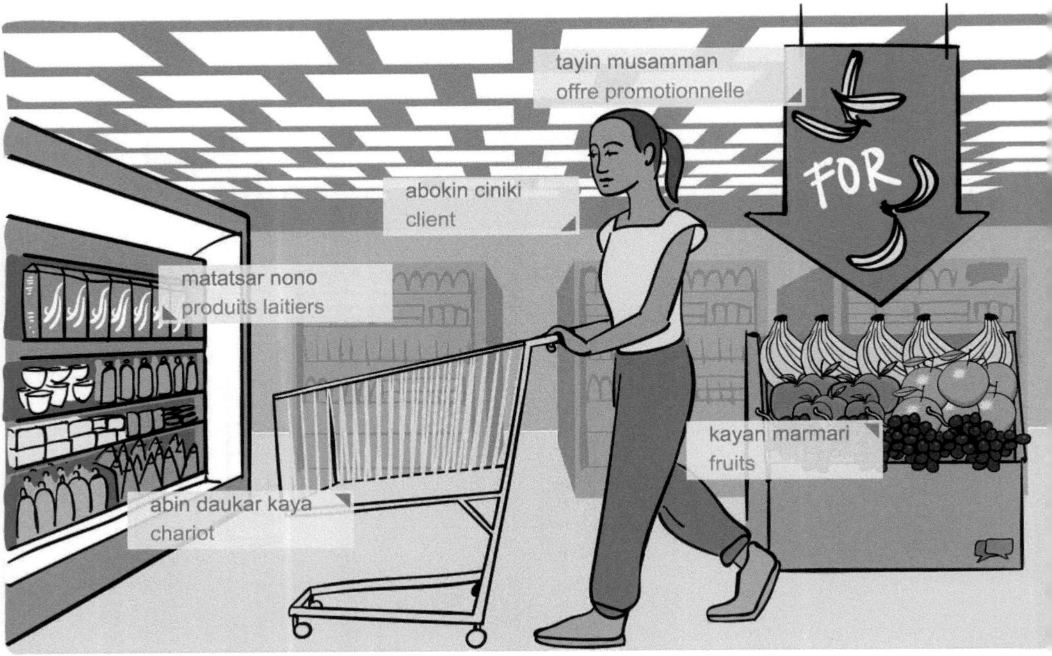

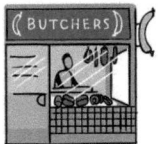

na mahauci

boucherie

BAKERY

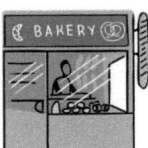

shagon mai burodi

boulangerie

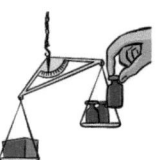

auna nauyi

peser

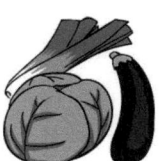

kayan lambu

légumes

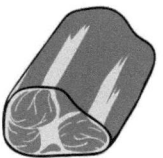

nama

viande

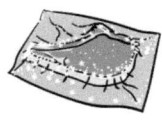

darkararren abinci

aliments surgelés

nama mai sanyi

charcuterie

abincin gwangwani

conserves

garin sabulun wanki

poudre à lessive

alewa

bonbons

kayan amfanin gida

articles ménagers

kayan tsafta

détergents

mai sayarwa

vendeuse

haro

caisse

mai biyan kudi

caissier

jerin kayan sayayya

liste d'achats

sa'o'in budewa

heures d'ouverture

alabe

portefeuille

katin banki

carte de crédit

jaka

sac

jakar roba

sac en plastique

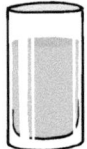

ruwa

eau

ruwan 'ya'yan itace

jus de fruit

madara

lait

coke

coca

barasa

vin

giya

bière

barasa

alcool

koko

chocolat chaud

shayi

thé

kofi

café

bakin kofi

expresso

kofi mai madara

cappuccino

ayaba

banane

tufa

pomme

lemon zaki

orange

kankana

melon

lemon tsami

citron

karas

carotte

tafarnuwa

ail

gora

bambou

albasa

oignon

kunnen-jaki

champignon

dangin gyada

noisettes

dangin taliya

pâtes

sufageti

spaghetti

shinkafa

riz

man salak

salade

sala-sala

pommes frites

soyayyen dankali

pommes de terre rôties

fiza

pizza

hambaga

hamburger

sanwich

sandwich

kwan nama

escalope

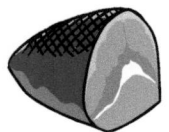

naman alade

jambon

salami

salami

kilishin turawa

saucisse

kaza

poulet

gashi

rôti

kifi

poisson

kamun oats

flocons d'avoine

muesli

muesli

kwamfiles

cornflakes

fulawa

farine

fanke

croissant

yankan burodi

petits-pains

burodi

pain

gashi

pain grillé

biskit

biscuits

bota

beurre

man shanu

le fromage blanc

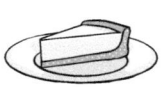

kek

gâteau

kwai

œuf

soyayyen kwai

œuf au plat

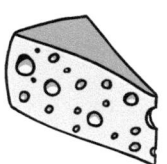

cuku

fromage

askirim

glace

sikari

sucre

zuma

miel

jam

confiture

cakuletin shafawa

crème nougat

kori

curry

gona
ferme

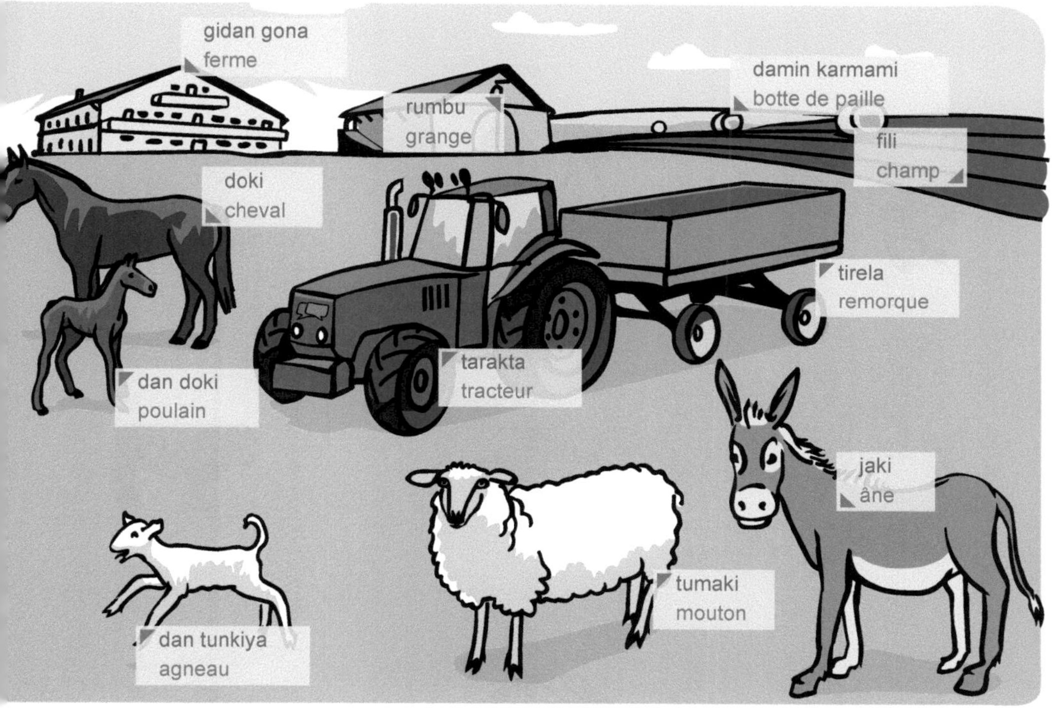
gidan gona
ferme
rumbu
grange
damin karmami
botte de paille
fili
champ
doki
cheval
tirela
remorque
tarakta
tracteur
dan doki
poulain
jaki
âne
tumaki
mouton
dan tunkiya
agneau

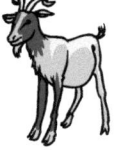

akuya

chèvre

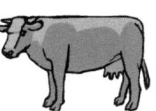

saniya

vache

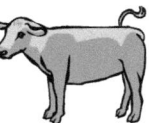

maraki

veau

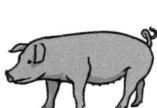

alade

porc

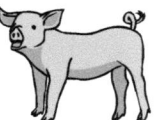

dan alade

porcelet

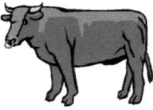

bajimi

taureau

dinya

oie

agwagwa

canard

dan tsako

poussin

kaza

poule

zakara

coq

bera

rat

kyanwa

chat

bera

souris

takarkari

bœuf

kare

chien

dakin kare

chenil

bututun lambu

tuyau de jardin

bokitin ban-ruwa

arrosoir

ashasha

faucheuse

garma

charrue

lauje

faucille

fartanya

pioche

cebur mai yatsu

fourche

gatari

hache

wilbaro

brouette

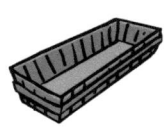

mazubin abincin dabbobi

cuve

gwangwanin madara

pot à lait

buhu

sac

shinge

clôture

barga

étable

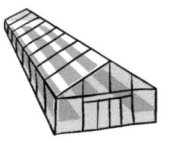

koren-gida

serre

rairai

sol

iri

semences

taki

engrais

injin girbi da sussuka

moissonneuse-batteuse

girbe

récolter

girbi

récolte

doya

igname

alkama

blé

waken soya

soja

dankali

pomme de terre

dawa

maïs

furen mai

colza

bishiyar kayan marmari

arbre fruitier

rogo

manioc

hatsi

céréales

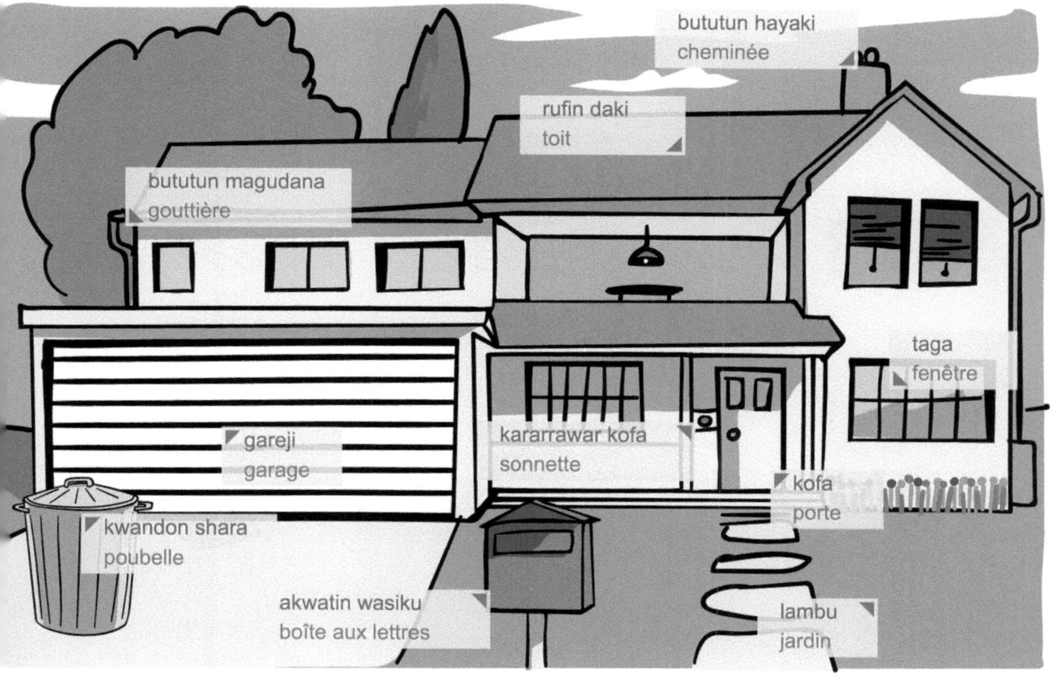

bututun hayaki
cheminée

rufin daki
toit

bututun magudana
gouttière

taga
fenêtre

gareji
garage

kararrawar kofa
sonnette

kofa
porte

kwandon shara
poubelle

akwatin wasiku
boîte aux lettres

lambu
jardin

falo
salon

dakin wanka
salle de bain

kicin
cuisine

dakin kwana
chambre à coucher

dakin yaro
chambre d'enfant

dakin cin abinci
salle à manger

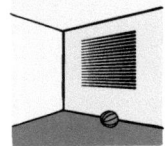

dabe
sol

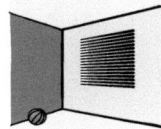

bango
mur

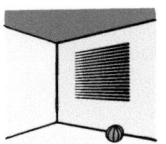

sili
plafond

dakin karkashin kasa
cave

wurin wankan dumi
sauna

barandar bene
balcon

baranda
terrasse

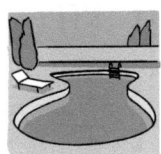

gulbin ninkaya
piscine

injin yanke ciyawa
tondeuse à gazon

kwano
housse

zanen gado
couette

gado
lit

tsintsiya
balai

bokiti
sceau

makunni
interrupteur

falo

salon

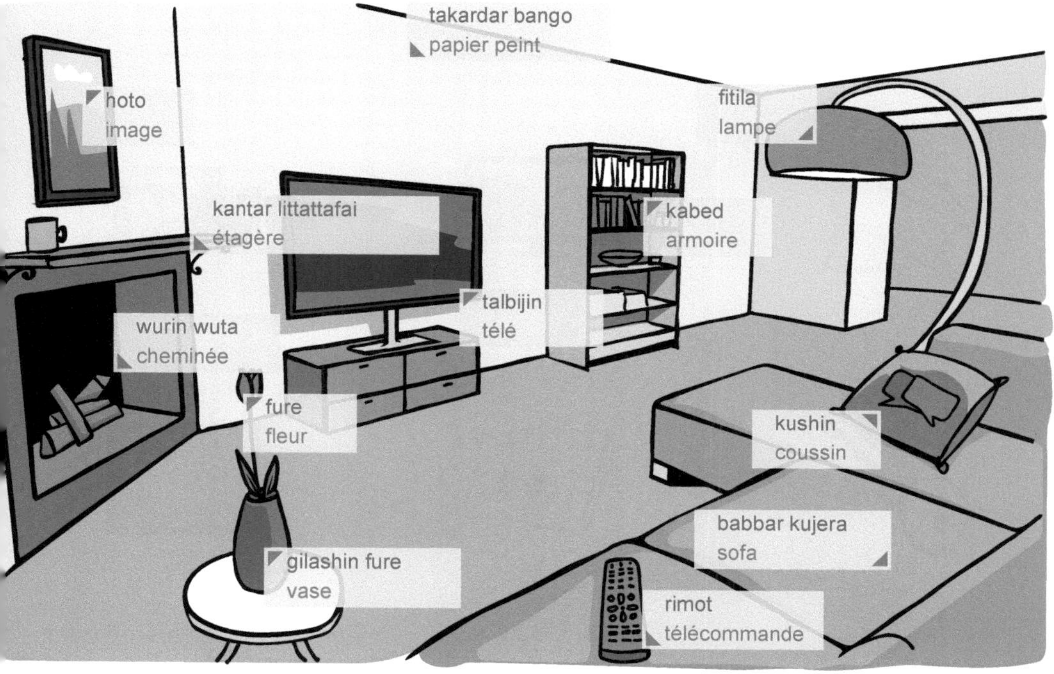
takardar bango
papier peint
hoto
image
fitila
lampe
kantar littattafai
étagère
kabed
armoire
talbijin
télé
wurin wuta
cheminée
fure
fleur
kushin
coussin
babbar kujera
sofa
gilashin fure
vase
rimot
télécommande

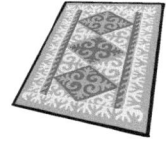

darduma

tapis

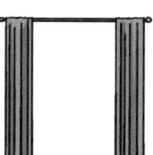

labule

rideau

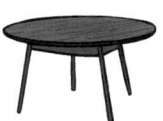

teburi

table

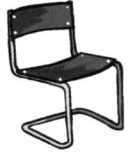

kujera

chaise

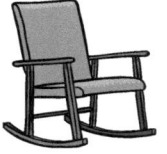

kujera mai shillo

chaise à bascule

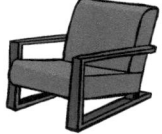

kujera mai hannu

fauteuil

littafi

livre

bargo

couverture

kwalliya

décoration

itacen girki

bois de chauffage

fim

film

kayan hi-fi

chaîne hi-fi

makulli

clé

jarida

journal

zanen fenti

peinture

fasta

poster

rediyo

radio

takardar rubutu

bloc-notes

na'urar share darduma

aspirateur

murtsunguwa

cactus

kyandir

bougie

firji
réfrigérateur

na'urar dumama abinci
four à micro-ondes

ma'aunin kicin
balance de cuisine

injin kyafe burodi
grille-pain

sinadarin wanki
détergent

tanda
four

gidan kankara
compartiment congélateur

kwandon shara
poubelle

na'urar wanke kwanoni
lave-vaisselle

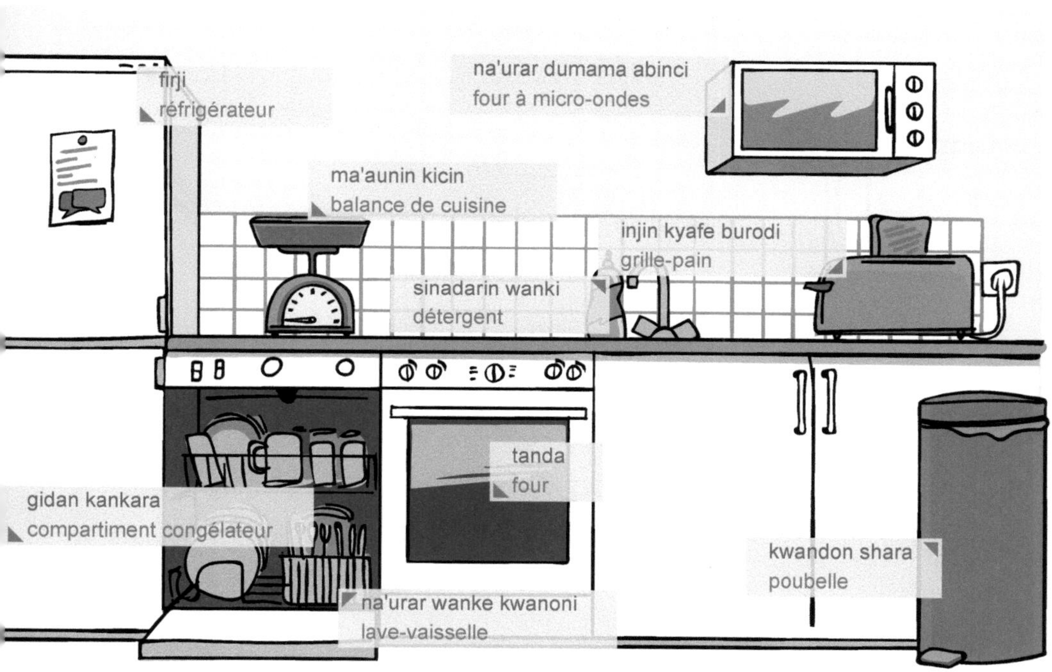

cooker
four

tukunya
casserole

tukunyar alminiyum
marmite

kwanon suya
wok / kadai

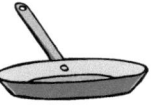

kwanan suya
poêle

buta
bouilloire electrique

kicin - cuisine

tukunyar dumi

cuiseur vapeur

kwanan gashi

plaque de cuisson

kayan tangaran

vaisselle

tambulan

gobelet

kwano

coupe

tsinkayen cin abinci

baguettes

ludayi

louche

ludayin suya

spatule

makadin kwai

fouet

rariya

passoire

mataci

tamis

na'urar nika

râpe

turmi

mortier

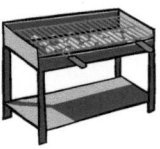

balangu

barbecue

wutar sarari

cheminée

katakon yanke-yanke

planche à découper

katakon murji

rouleau à pâtisserie

mabudin kwalba

tire-bouchon

gwangwani

boîte

mabudin gwangwani

ouvre-boîte

hannun tukunya

maniques

wurin wanke-wanke

lavabo

burushi

brosse

soso

éponge

bilenda

mixeur

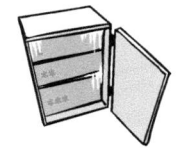

babban gidan kankara

congélateur

bulumboti

biberon

famfo

robinet

kicin - cuisine

dakin wanka

salle de bain

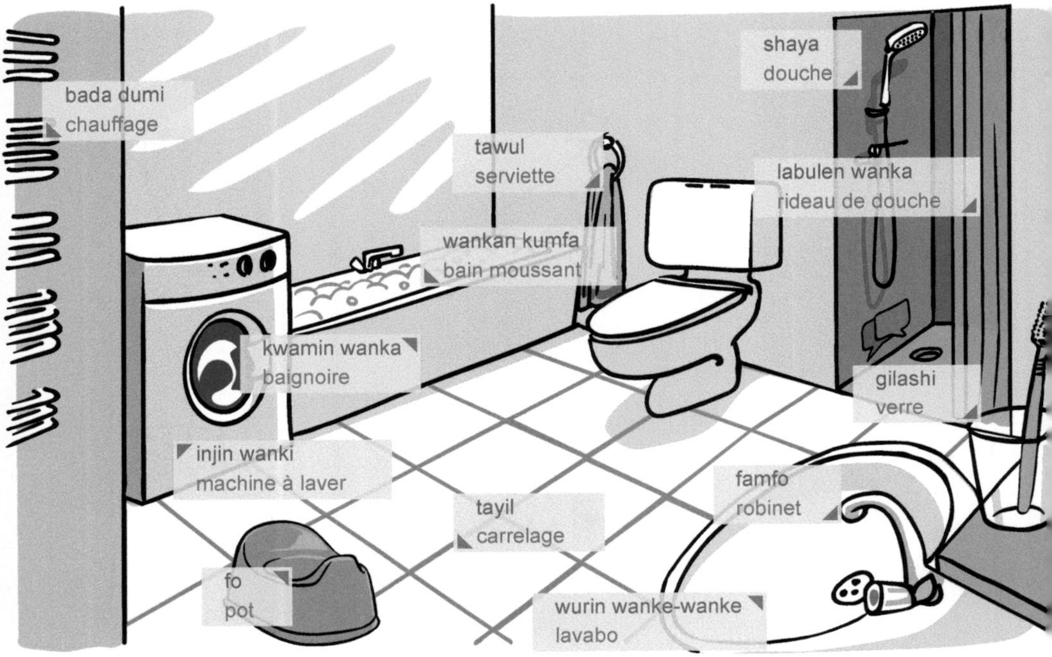

shaya
douche
bada dumi
chauffage
tawul
serviette
labulen wanka
rideau de douche
wankan kumfa
bain moussant
kwamin wanka
baignoire
gilashi
verre
injin wanki
machine à laver
famfo
robinet
tayil
carrelage
fo
pot
wurin wanke-wanke
lavabo

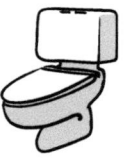

bandaki

toilettes

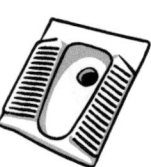

bandakin tsuguno

toilette à la turque

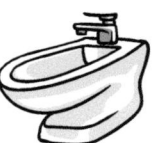

kwamin tsarki

bidet

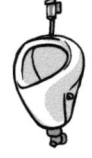

wurin fitsari

urinoir

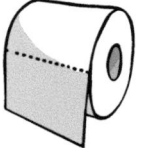

takardar bandaki

papier toilette

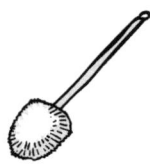

burushin bandaki

brosse à toilette

burushin hakori

brosse à dents

man hakori

dentifrice

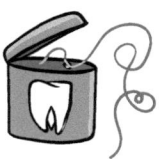

zaren sakace

fil dentaire

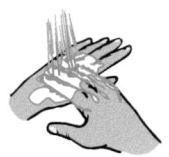

wanke

laver

shayar hannu

douche manuelle

wankin farji

douche intime

kwamin wanke hannu

vasque

burushin wanke baya

brosse dorsale

sabulu

savon

ruwan sabulun wanka

gel douche

man gyaran gashi

shampooing

tsumman wanka

gant de toilette

lambatu

écoulement

kirim

crème

turaren kamshi

déodorant

madubi

miroir

madubin hannu

miroir cosmétique

reza

rasoir

man yaran fuska

mousse à raser

man aski

après-rasage

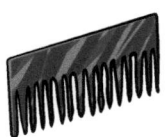

mataji

peigne

burushi

brosse

na'urar busar da gashi

sèche-cheveux

man gashi

laque pour cheveux

kwalliya

fond de teint

jan-baki

rouge à lèvres

man farce

vernis à ongles

audugar goge kunne

ouate

almakashin yankan farce

coupe-ongles

turare

parfum

jakar wanka

trousse de toilette

bahaya

tabouret

ma'aunin nauyi

pèse-personne

rigar wanka

peignoir

safar roba

gants de nettoyage

audugar haila

tampon

audugar mata

serviettes hygiéniques

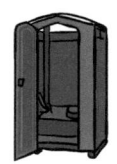

bandakin tafi-da-gidanka

toilette chimique

dakin yaro
chambre d'enfant

agogo mai kararrawa
réveil
yartsanar tsumma
doudou
motar wasan yara
voiture jouet
kara
hochet
gidan 'yartsana
maison de poupée
kyauta
cadeau

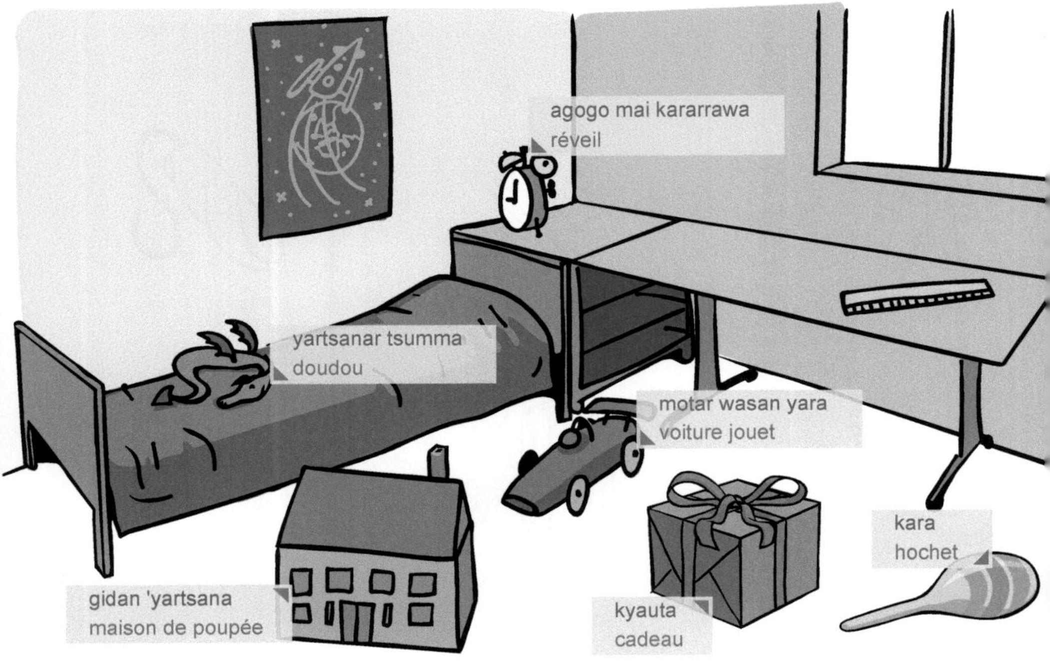

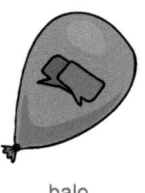

balo

ballon

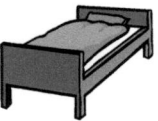

gado

lit

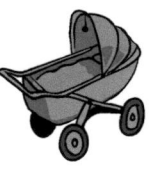

keken jarirai

poussette

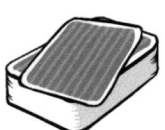

benen kwalaye

jeu de cartes

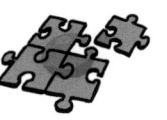

wasa kwakwalwa

puzzle

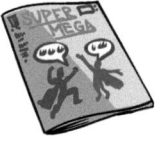

ban dariya

bande dessinée

tubalan roba

pièces lego

tubalan gini

blocs de construction

mutum-mai-aiki

figurine

rigar jariri

grenouillère

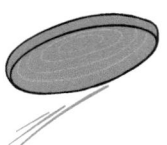

Dokin iska

frisbee

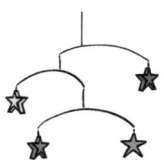

tafi-da-gidanka

mobile

wasan dara

jeu de société

dan ludo

dé

zubin kwatancin jirgin kasa

train miniature

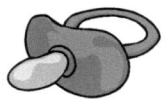

mutum-mutumi

sucette

walima

fête

littafi mai hotuna

livre d'images

kwallo

balle

yartsana

poupée

yi wasa

jouer

akwatin yashi

bac à sable

lilo

balançoire

kayan wasan yara

jouets

allon wasannin bidiyo

console de jeu

babur mai taya uku

tricycle

yartsanar tsumma

ours en peluche

wadirob

armoire

tufafi

vêtements

safa

chaussettes

sitokins

bas

matse-jiki

collant

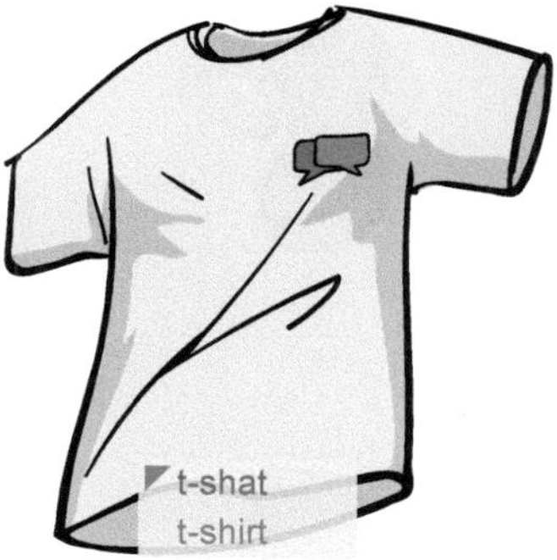

adiko
écharpe

belet
ceinture

lema
parapluie

t-shat
t-shirt

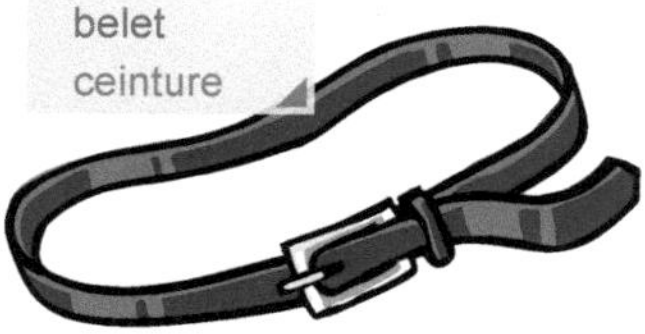

takalman wasa
baskets

takalman aiki
bottes

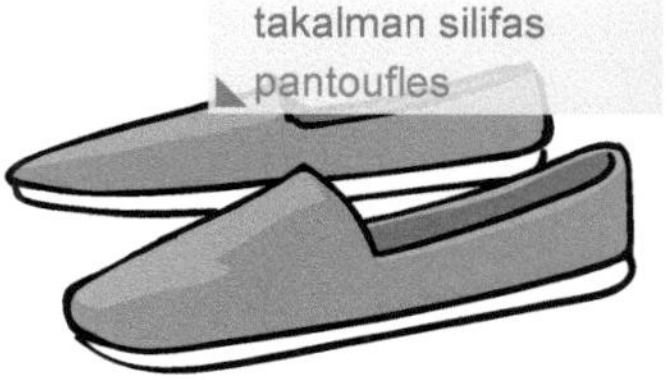

takalman silifas
pantoufles

takalman sandal

sandales

takalma

chaussures

takalman roba

bottes de caoutchouc

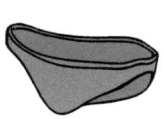

kamfai

sous-vêtements

rigar nono

soutien-gorge

falmaran

maillot de corps

jiki

body

wando

pantalon

jeans

jean

dantofi

jupe

rigar mata

chemisier

karamar riga

chemise

riga mai hula

pull

hular riga

sweat à capuche

bileza

veste

jaket

veste

kwat

manteau

rigar ruwa

imperméable

kayan yayi

costume

kayan sawa

robe

rigar aure

robe de mariée

kwat da wando

costume

rigar dare

chemise de nuit

kayan barci

pyjama

sari

sari

dankwali

foulard

rawani

turban

hijabi

burqa

kaftani

caftan

abaya

abaya

rigar iyo

maillot de bain

wandon wasa

maillot de bain

gajeran wando

short

kayan wasanni

tenue d'entraînement

kyallen aiki

tablier

safar hannu

gants

maballi

bouton

tabarau

lunettes

awarwaro

bracelet

tsakiya

collier

zobe

bague

dan kunne

boucle d'oreille

hula

bonnet

maratayin kwat

cintre

malafa

chapeau

lakataya

cravate

zi

fermeture éclair

hular kwano

casque

masu daidaita hakori

bretelles

kayan makaranta

uniforme scolaire

yunifom

uniforme

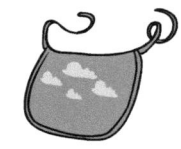

kyallen cin abincin jariri

bavoir

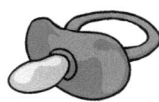

mutum-mutumi

sucette

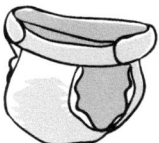

kunzugu

lange

ofis

bureau

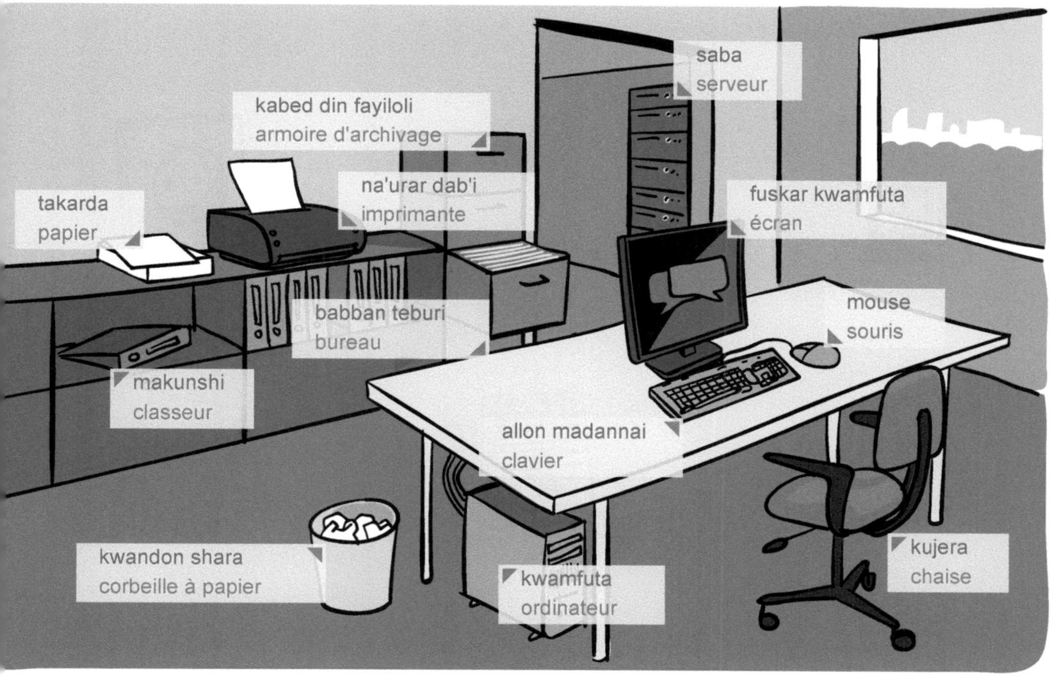
saba
serveur
kabed din fayiloli
armoire d'archivage
takarda
papier
na'urar dab'i
imprimante
fuskar kwamfuta
écran
mouse
souris
babban teburi
bureau
makunshi
classeur
allon madannai
clavier
kwandon shara
corbeille à papier
kwamfuta
ordinateur
kujera
chaise

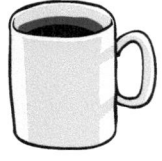

tambulan kofi

tasse de café

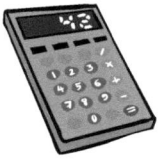

kwakuleta

calculatrice

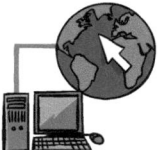

intanet

internet

laptop

ordinateur portable

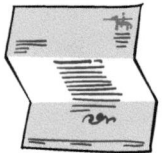

wasika

lettre

sako

message

tafi-da-gidanka

portable

sadarwa

réseau

na'urar hoton takarda

photocopieuse

kwakwalwar kwamfuta

logiciel

tarho

téléphone

jona soket

prise

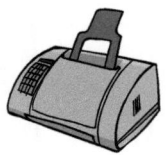

na'urar faks

fax

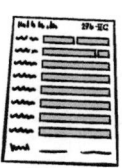

fom

formulaire

daftari

document

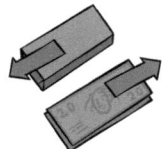

sayi
acheter

biya
payer

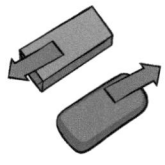

yi ciniki
faire du commerce

kudi
monnaie

dala
dollar

euro
euro

yen
yen

robul
rouble

franc na Swiss
franc suisse

renminbi yuan
renminbi yuan

rupee
roupie

injin bada kudi
distributeur automatique

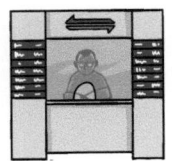

gidan canjin kudi

bureau de change

zinare

or

azurfa

argent

mai

pétrole

makamashi

énergie

farashi

prix

matuntuba

contrat

haraji

taxe

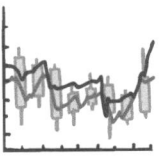

kaya

action

yi aiki

travailler

ma'aikaci

employé

mai daukar ma'aikata

employeur

masana'anta

usine

kanti

magasin

sana'o'i
professions

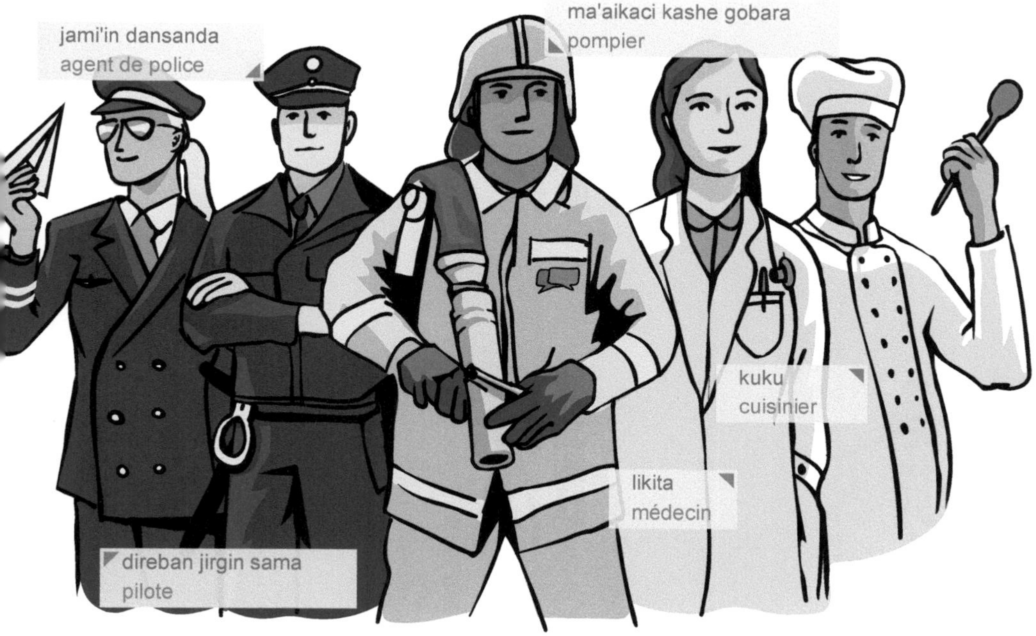
jami'in dansanda
agent de police
ma'aikaci kashe gobara
pompier
kuku
cuisinier
likita
médecin
direban jirgin sama
pilote

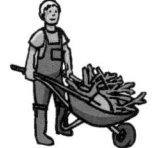

mai aikin lambu

jardinier

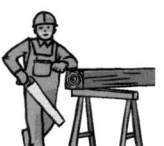

kafinta

menuisier

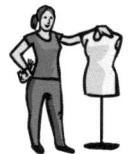

mace mai dinki

couturière

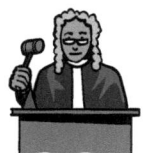

alkali

juge

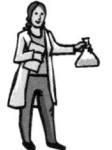

mai hada magunguna

chimiste

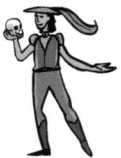

jarumi

acteur

direban bas

conducteur de bus

direban tasi

chauffeur de taxi

masunci

pêcheur

mace mai shara

femme de ménage

mai aikin rufi

couvreur

sabis

serveur

mafarauci

chasseur

mai fenti

peintre

mai yin burodi

boulanger

mai gyaran lantarki

électricien

magini

ouvrier

injiniya

ingénieur

mahauci

boucher

mai gyaran famfo

plombier

mai raba wasiku

facteur

soja

soldat

mai zayyanar gidaje

architecte

mai biyan kudi

caissier

mai sayar da furanni

fleuriste

mai gyaran gashi

coiffeur

mai kida

contrôleur

bakanike

mécanicien

kyaftin

capitaine

likitan hakori

dentiste

masanin kimiyya

scientifique

limamin yahudu

rabbin

liman

imam

mai ibadar kirista

moine

malamin addini

prêtre

kayan aiki
outils

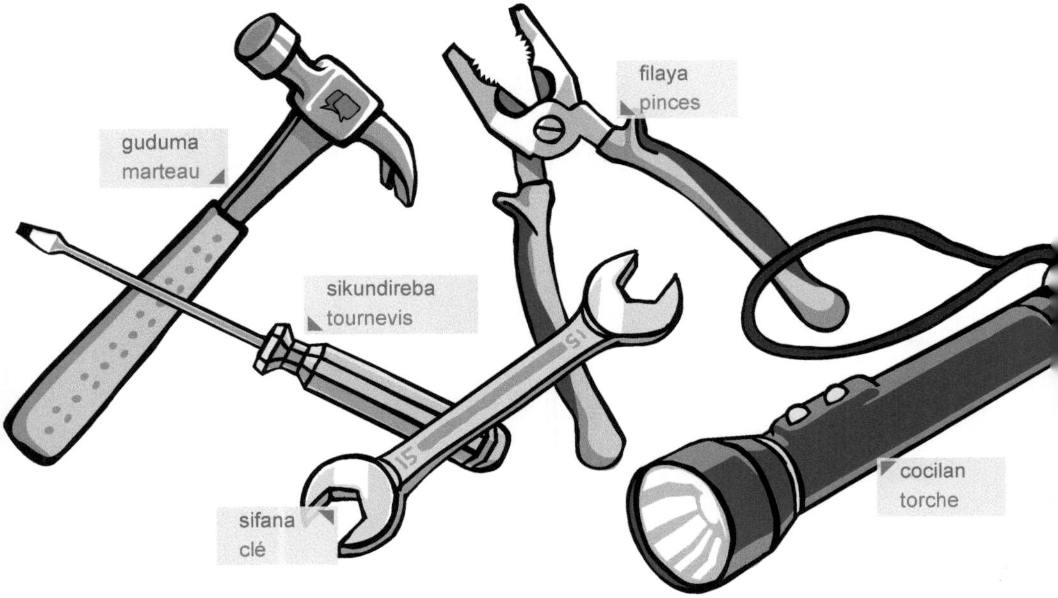

filaya
pinces
guduma
marteau
sikundireba
tournevis
cocilan
torche
sifana
clé

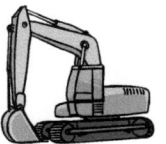

diga

pelleteuse

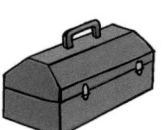

akwatin kayan aiki

boîte à outils

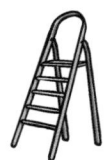

tsani

échelle

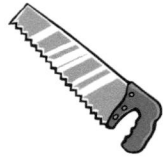

zarto

scie

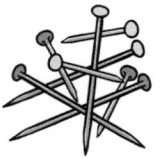

kusoshi

clous

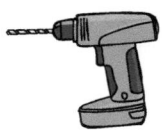

abin hudawa

perceuse

gyara

réparer

chebur

pelle

Tafdi!

Mince !

makwashin shara

pelle

tukunyar fenti

pot de peinture

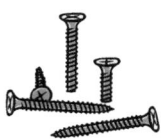

kusoshi masu barima

vis

kayan kida

instruments de musique

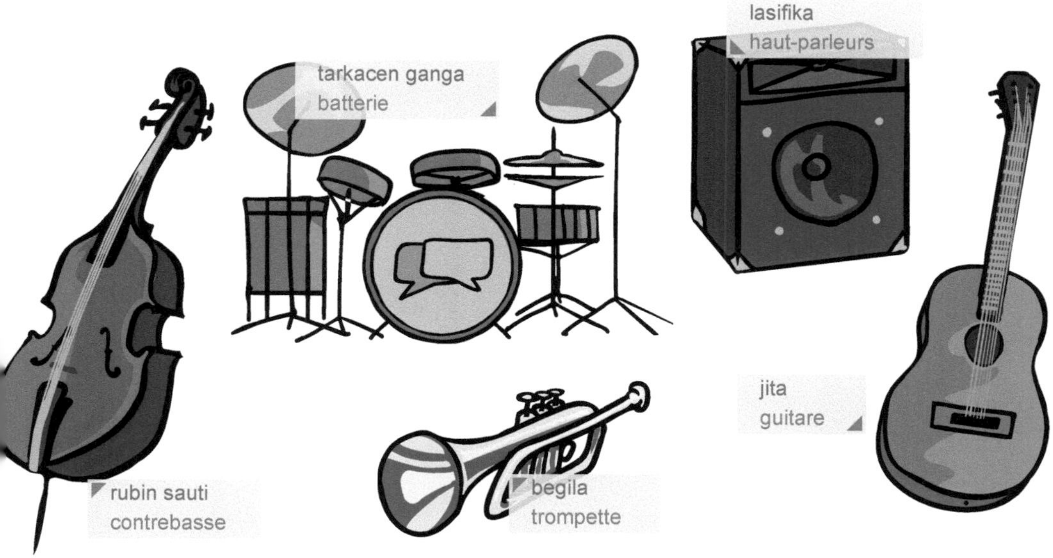

tarkacen ganga
batterie

lasifika
haut-parleurs

jita
guitare

rubin sauti
contrebasse

begila
trompette

fiyano

piano

goge

violon

karamin sauti

basse

gangunan timpani

timbales

ganguna

tambour

masarrafin fiyano

piano électrique

saxophone

saxophone

sarewa

flûte

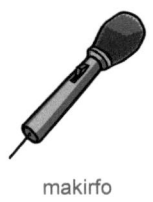

makirfo

microphone

gidan namun daji

zoo

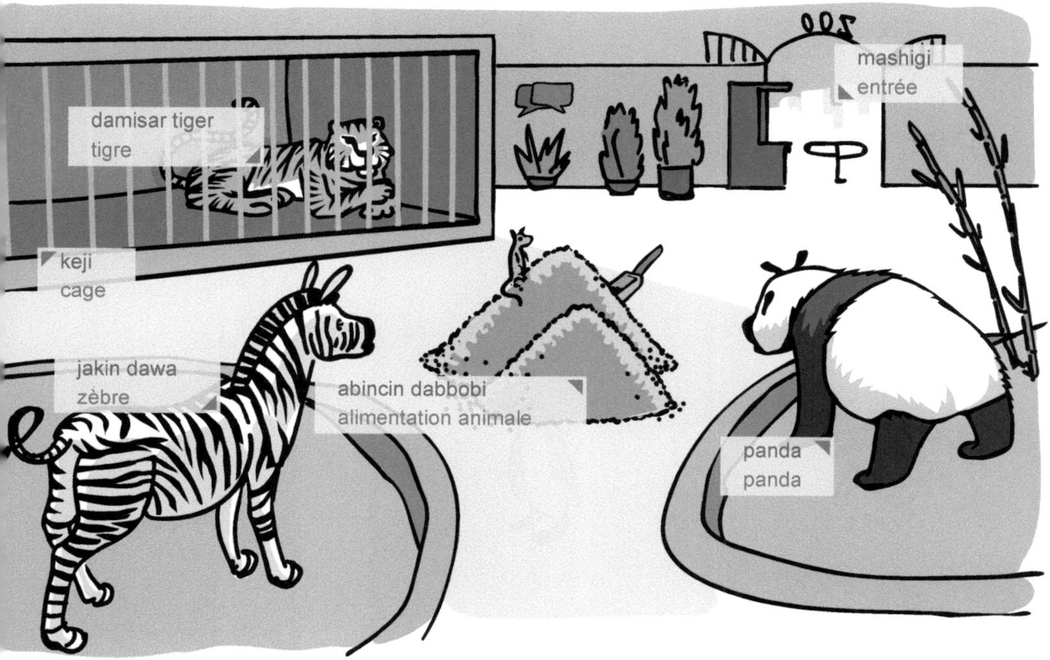
mashigi
entrée
damisar tiger
tigre
keji
cage
jakin dawa
zèbre
abincin dabbobi
alimentation animale
panda
panda

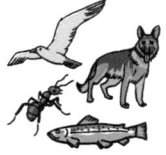

dabbobi

animaux

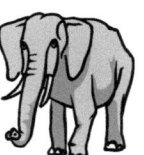

giwa

éléphant

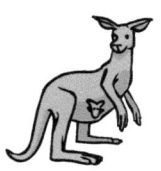

babba-da-jaka

kangourou

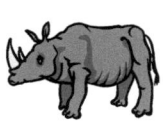

karkanda

rhinocéros

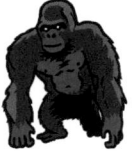

goggon biri

gorille

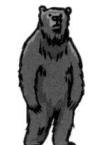

dabbar bear

ours

rakumi

chameau

jimina

autruche

zaki

lion

biri

singe

dinya

flamand rose

aku

perroquet

bear ta yankin kankara

ours polaire

penguin

pingouin

kifin shark

requin

dawisu

paon

maciji

serpent

kada

crocodile

mai tsaro zu

gardien de zoo

seal

phoque

damisar jaguar

jaguar

dukushi

poney

damisar leopard

léopard

mugun dawa

hippopotame

rakumin dawa

girafe

mikiya

aigle

aladen daji

sanglier

kifi

poisson

kunkuru

tortue

walrus

morse

dila

renard

barewa

gazelle

kwallon kafar Amurka
american Football

tseren keke
cyclisme

wasan tennis
tennis

kwallon kwando
basket-ball

ninkaya
natation

dambe
boxe

kwallon gora na cikin ka
hockey sur glace

kwallon kafa
football

badiminton
badminton

wasannin motsa jiki
athlétisme

kwallon hannu
handball

wasan kan kankara
ski

kwallon dawaki
polo

yi dariya
rire

yi tsalle
sauter

rungumi
embrasser

yi tattaki
marcher

rera waka
chanter

mafarki
rêver

yi addu'a
prier

sumbaci
faire la bise

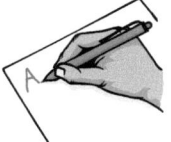

rubuta

écrire

zana

dessiner

nuna

montrer

tura

pousser

bayar

donner

dauki

prendre

sami

avoir

yi

faire

kasance

être

tsaya

être debout

gudu

courir

jawo

trier

jefa

jeter

faduwa

tomber

yi karya

être couché

jira

attendre

dauki

porter

zauna

être assis

sanya tufafi

s'habiller

yi barci

dormir

farka

se réveiller

kalli

regarder

kuka

pleurer

bugi

caresser

taje

peigner

yi magana

parler

fahimci

comprendre

tambayi

demander

saurari

écouter

sha

boire

ci

manger

tattare

ranger

yi soyayya

aimer

dafa

cuire

yi tuki

conduire

tashi

voler

tafi a kwalekwale

faire de la voile

kwakuleta

calculer

karanta

lire

koyi

apprendre

yi aiki

travailler

yi aure

se marier

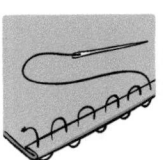

dinka

coudre

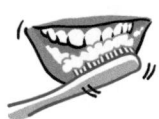

goge hakora

brosser les dents

kashe

tuer

busa taba

fumer

aika

envoyer

kaka mace
grand-mère

kaka namiji
grand-père

uba
père

uwa
mère

jariri
bébé

ya
fille

da
fils

bako

hôte

gwaggo

tante

kawu

oncle

dan'uwa

frère

yar'uwa

sœur

jiki

corps

goshi
front
ido
œil
kafada
épaule
yatsa
doigt
fuska
visage
ha'ba
menton
hannu
main
kafa
jambe
nono
poitrine
damtse
bras

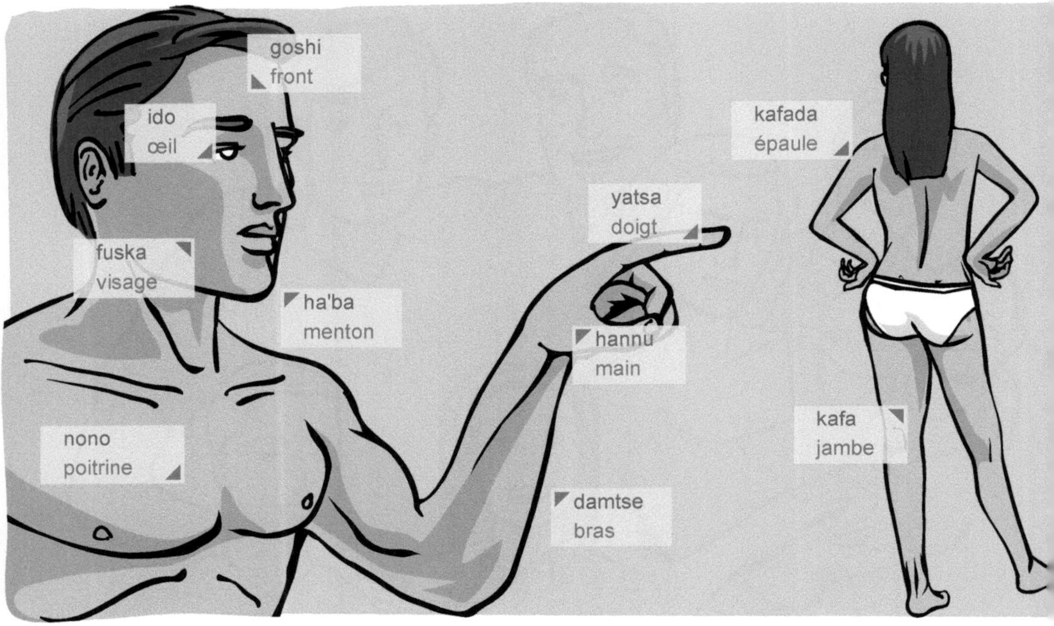

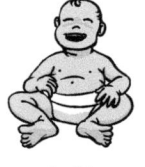

jariri

bébé

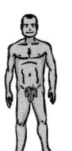

mutum

homme

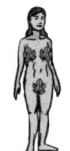

mace

femme

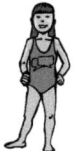

yarinya

fille

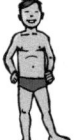

yaro

garçon

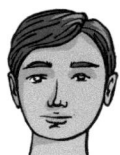

kai

tête

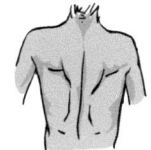

baya

dos

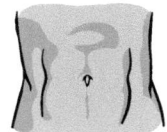

tulun ciki

ventre

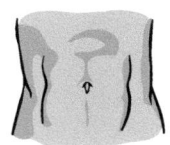

maballin ciki

nombril

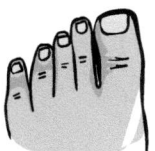

yatsan kafa

orteil

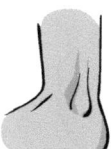

dudduge

talon

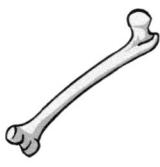

kashi

os

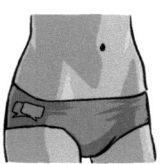

kugu

hanche

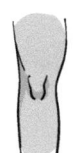

guiwa

genou

guiwar hannu

coude

hanci

nez

kasa

fesses

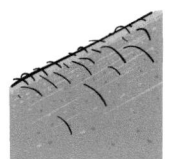

fata

peau

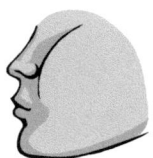

kumatu

joue

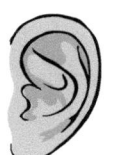

kunne

oreille

lebe

lèvre

wata

bouche

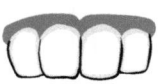

hakori

dent

harshe

langue

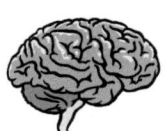

kwakwalwa

cerveau

zuciya

cœur

kwanji

muscle

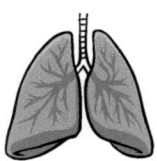

huhu

poumons

hanta

foie

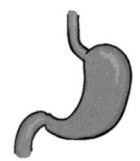

ciki

estomac

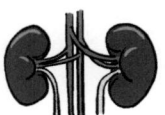

koda

reins

jima'i

rapport sexuel

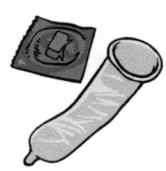

kwaroron roba

préservatif

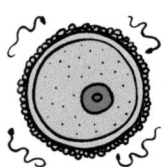

kwan mahaifa

ovule

maniyyi

sperme

juna-biyu

grossesse

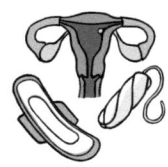

haila

menstruation

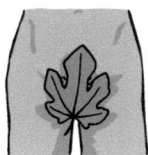

farji

vagin

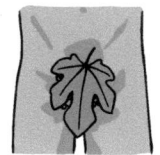

zakari

pénis

gira

sourcil

gashi

cheveux

wuya

cou

asibiti
hôpital

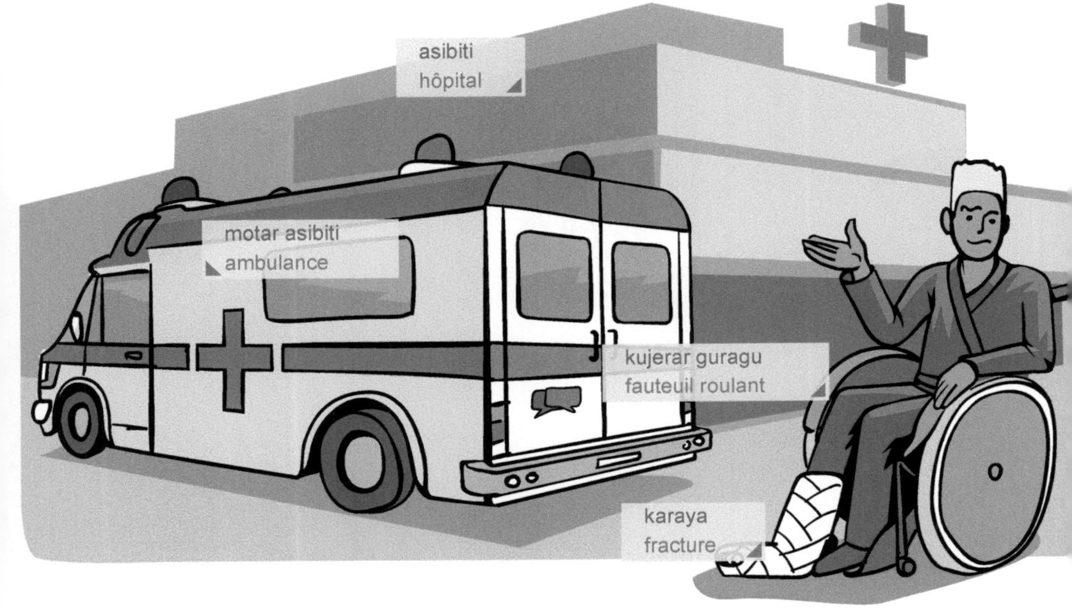

asibiti
hôpital
motar asibiti
ambulance
kujerar guragu
fauteuil roulant
karaya
fracture

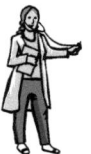

likita
médecin

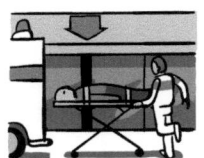

dakin kulawar gaggawa
service des urgences

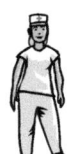

ma'aikaciyar jinya
infirmière

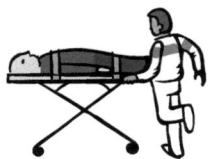

na gaggawa
urgence

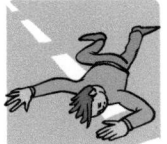

magashiyyan
inconscient

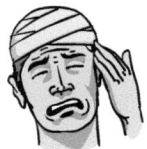

radadi
douleur

rauni

blessure

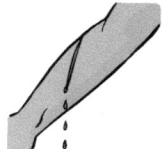

zubar jini

hémorragie

bugun zuciya

crise cardiaque

bugun jini

attaque cérébrale

kyan-jiki

allergie

tari

toux

zazzabi

fièvre

mura

grippe

gudawa

diarrhée

ciwon kai

mal de tête

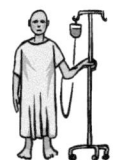

cutar sankara

cancer

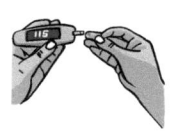

ciwon suga

diabète

likitan tiyata

chirurgien

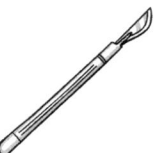

wukar likita

scalpel

tiyata

opération

CT

CT

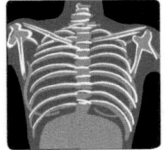

hoton kirji

radiographie

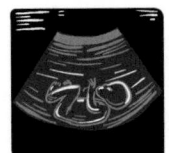

hoton ciki

échographie

marufin fuska

masque

cuta

maladie

dakin jira

salle d'attente

madogari

béquille

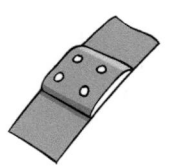

filasta

pansement

bandeji

pansement

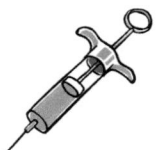

allura

injection

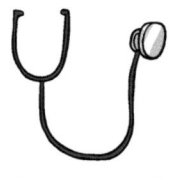

na'urar awon zuciya

stéthoscope

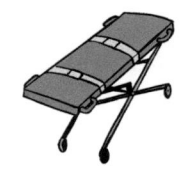

gadon daukar marar lafiya

brancard

na'urar auna zafin jiki

thermomètre

haihuwa

accouchement

yawan nauyi

surcharge pondérale

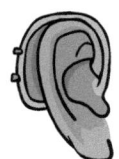

abin kara ji

appareil auditif

sinadarin kashe kwayoyin cuta

désinfectant

kamuwar cuta

infection

kwayar cuta

virus

Cutar Kanjamau

VIH / sida

magani

médicament

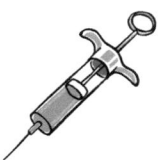

riga-kafi

vaccination

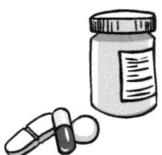

kwayoyin magani

comprimés

magani

pilule

kiran gaggawa

appel d'urgence

ma'aunin hawan jini

tensiomètre

cuta / lafiya

malade / sain

Taimako!

Au secours !

kararrawa

alarme

farmaki

assaut

hari

attaque

hatsari

danger

kofar ko-takwana

sortie de secours

Wuta!

Au feu!

abin kashe wuta

extincteur

hadari

accident

kayan taimakon gaggawa

trousse de premier secours

Neman taimako

SOS

dansanda

police

Turai

Europe

Amurka ta Arewa

Amérique du Nord

Amurka ta Kudu

Amérique du Sud

Afirka

Afrique

Asiya

Asie

Australia

Australie

Atlantika

Océan atlantique

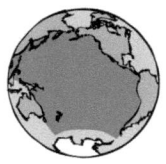

Pacific

Océan pacifique

Tekun Indiya

Océan indien

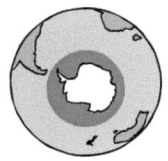

Tekun Antatika

Océan antarctique

Tekun Arctic

Océan arctique

Barin duniya na Arewa

pôle nord

Barin duniya na Kudu

pôle sud

Antatika

Antarctique

Kasa

terre

tsandauri

pays

kogi

mer

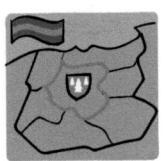

tsibiri

île

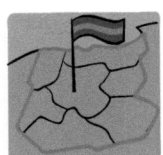

kasa

nation

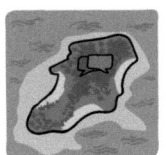

jiha

état

fuskar agogo

cadran

hannun awa

aiguille des heures

hannun mintuna

aiguille des minutes

hannun dakika

aiguille des secondes

Karfe nawa yanzu?

Quelle heure est-il ?

rana

jour

lokaci

temps

yanzu

maintenant

agogon dijita

montre digitale

minti

minute

awa

heure

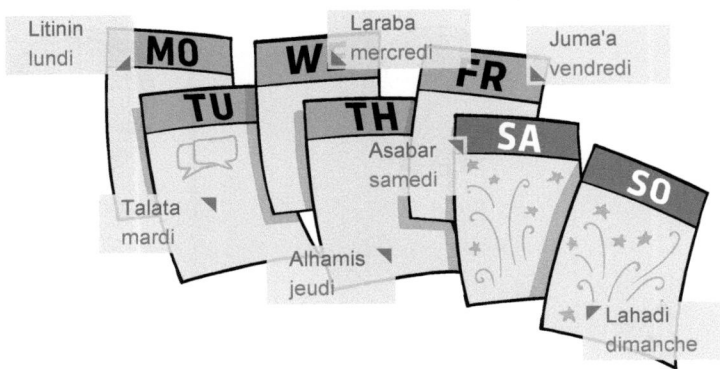

Litinin / lundi
Laraba / mercredi
Juma'a / vendredi
Talata / mardi
Asabar / samedi
Alhamis / jeudi
Lahadi / dimanche

jiya

hier

yau

aujourd'hui

gobe

demain

safiya

matin

tsakar rana

midi

yamma

soir

MO	TU	WE	TH	FR	SA	SU
1	2	3	4	5	6	7
8	9	10	11	12	13	14
15	16	17	18	19	20	21
22	23	24	25	26	27	28
29	30	31	1	2	3	4

ranakun kasuwanci

jours ouvrables

MO	TU	WE	TH	FR	SA	SU
1	2	3	4	5	6	7
8	9	10	11	12	13	14
15	16	17	18	19	20	21
22	23	24	25	26	27	28
29	30	31	1	2	3	4

karshen mako

week-end

shekara
année

ruwan sama
pluie
bakan-gizo
arc-en-ciel
dusar kankara
neige
iska
vent
damina
printemps
Kaka
automne
bazara
été
lokacin sanyi
hiver

4.APRIL 11°
5.APRIL 4°
6.APRIL 13°
7.APRIL 8°
8.APRIL 10°

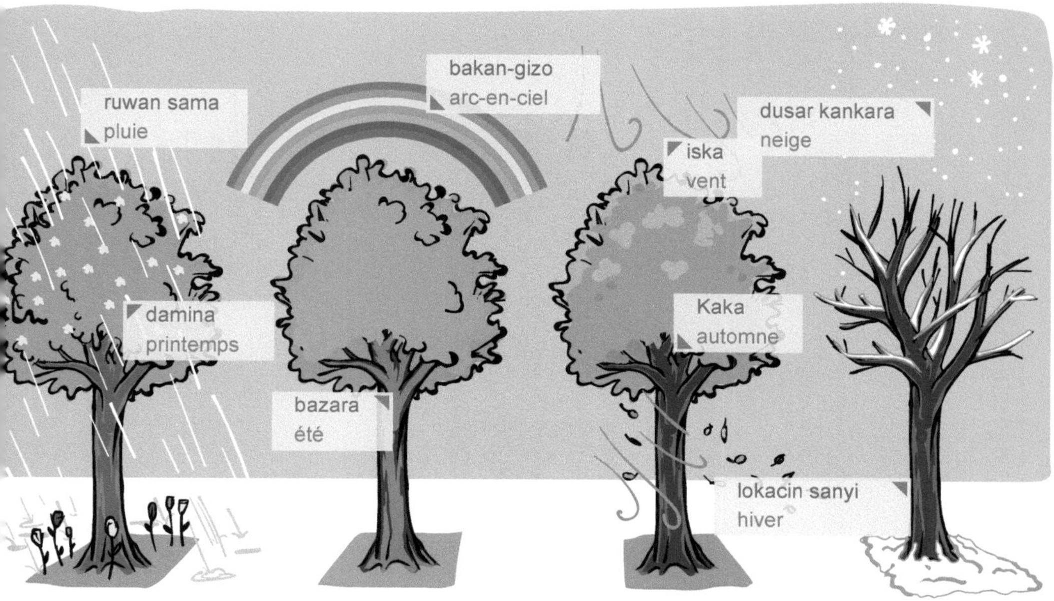

hasashen yanayi

météo

F C
120 40
90 30
60 20
30 10
0 0
-30 -10
-20

na'urar gwajin zafi da sanyi

thermomètre

hasken rana

lumière du soleil

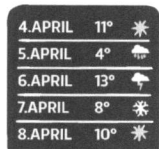

gajimare

nuage

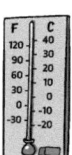

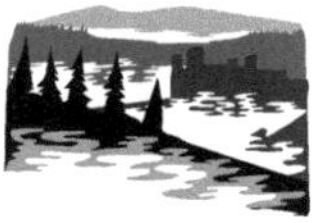

hazo

brouillard

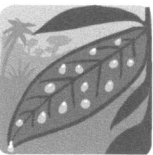

dumi

humidité

walkiya

foudre

aradu

tonnerre

guguwa

tempête

kankarar ruwan sama

grêle

iskar bazara

mousson

ambaliyar ruwa

inondation

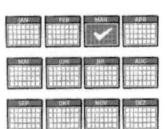

kankara

glace

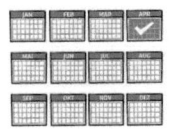

Janairu

janvier

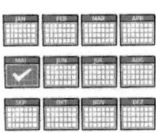

Fabarairu

février

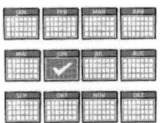

Maris

mars

Afirilu

avril

Mayu

mai

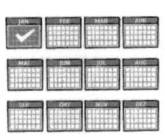

Yuni

juin

Yuli

juillet

Agusta

août

shekara - année

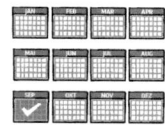

Satumba
....
septembre

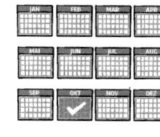

Oktoba
....
octobre

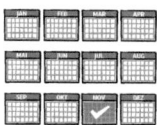

Nuwamba
....
novembre

Disamba
....
décembre

da'ira
....
cercle

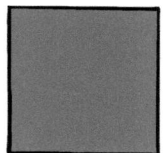

murabba'i
....
carré

kusurwa hudu
....
rectangle

kusurwa uku
....
triangle

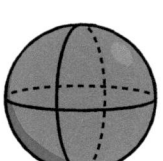

mulmulalle
....
sphère

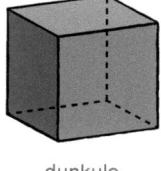

dunkule
....
cube

fari

blanc

rawaya

jaune

ruwan lemo

orange

ruwan shanshanbali

rose

ja

rouge

garura

violet

shudi

bleu

kore

vert

ruwan kasa

marron

ruwan toka

gris

baki

noir

da yawa / kadan

beaucoup / peu

fushi / nutsuwa

fâché / calme

kyakkyawa / mummuna

joli / laid

farko / karshe

début / fin

babba / karami

grand / petit

mai haske / mai duhu

clair / obscure

dan uwa / 'yar uwa

frère / soeur

mai tsafta / kazami

propre / sale

cikakke / maras cika

complet / incomplet

rana / dare

jour / nuit

matacce / mai rai

mort / vivant

mai fadi / matsattse

large / étroit

na ci / ba na ci ba

comestible / incomestible

mugu / mai tausayi

méchant / gentil

mai karsashi / gajiyayye

excité / ennuyé

kakkaura / siriri

gros / mince

na farko / na karshe

premier / dernier

aboki / makiyi

ami / ennemi

cikakke / holoko

plein / vide

mai tauri / mai laushi

dur / souple

mai nauyi / marar nauyi

lourd / léger

yunwa / kishin ruwa

faim / soif

cuta / lafiya

malade / sain

haramtacce / halastacce

illégal / légal

mai basira / dakiki

intelligent / stupide

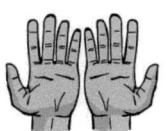

hagu / dama

gauche / droite

kusa / nesa

proche / loin

sabo / na-hannu

nouveau / usé

ba komai / wani abu

rien / quelque chose

tsoho / yaro

vieux / jeune

kunna / kashe

marche / arrêt

a bude / a rufe

ouvert / fermé

shiru / kara

faible / fort

mai arziki / talaka

riche / pauvre

daidai / bata

correct / incorrect

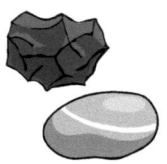

mai kaushi / mai santsi

rugueux / lisse

bakin ciki / farin ciki

triste / heureux

gajere / dogo

court / long

a sannu / da sauri

lent / rapide

jikakke / busasshe

mouillé / sec

dumi / sanyi

chaud / froid

yaki / zaman lafiya

guerre / paix

nombres

0

sifili

zéro

1

daya

un / une

2

biyu

deux

3

uku

trois

4

hudu

quatre

5

biyar

cinq

6

shida

six

7

bakwai

sept

8

takwas

huit

9

tara

neuf

10

goma

dix

11

goma sha daya

onze

12

goma sha biyu

douze

13

goma sha uku

treize

14

goma sha hudu

quatorze

15

goma sha biyar

quinze

16

goma sha shida

seize

17

goma sha bakwai

dix-sept

18

goma sha takwas

dix-huit

19

goma sha tara

dix-neuf

20

ashirin

vingt

100

dari

cent

1.000

dubu

mille

1.000.000

miliyan

million

Turanci

anglais

Turancin Amurka

anglais américain

Mandarin na China

chinois mandarin

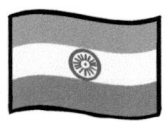

Hindi

hindi

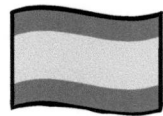

Sifaniyanci

espagnol

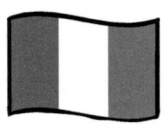

Faransanci

français

Larabci

arabe

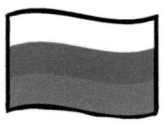

Yaren Rasha

russe

Yaren Portugal

portugais

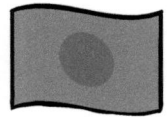

Bengali

bengali

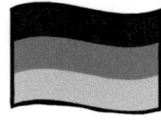

Yaren Jamus

allemand

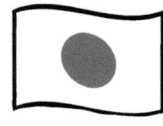

Yaren Japan

japonais

ni
....
je

kai
....
tu

shi / ita / ita
....
il / elle / ce, c', cela

mu
....
nous

ku
....
vous

su
....
ils / elles

wa?
....
Qui ?

me?
....
Quoi ?

ya ya?
....
Comment ?

a ina?
....
Où ?

yaushe?
....
Quand ?

suna
....
nom

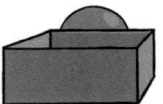

a baya

derrière

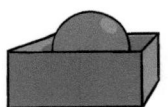

a ciki

dans

a gaban

devant

saman

au-dessus

akai

sur

karkashi

en-dessous

a gefe

à côté de

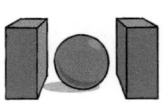

a tsakani

entre

wuri

lieu